Santuarios lejanos

Gloria Rodríguez

ALJA

Santuarios lejanos
Gloria Rodríguez

A MANERA DE PRESENTACIÓN

Escribir la presentación de un libro de poesía nunca es una tarea fácil porque el poema, para ser tal, ha de brotar de lo más íntimo de su autor, un lugar a donde sólo él es capaz de entrar para realizar la faena que implica enfrentarse a la emoción y transformarla en palabra. La única forma de conseguir la realización de esta encomienda es conocer, aunque sea de atisbos, el alma de quien lo escribe. Éste es uno de esos casos.

Conozco a Gloria Rodríguez, la autora de *Santuarios Lejanos* desde hace veinte años, a lo largo de los cuales la he visto criar a una familia, estudiar una maestría y discretamente darle vida a los poemas que hoy forman esta colección, su primer libro en solitario.

Santuarios Lejanos es un lugar en la memoria de Gloria Rodríguez, una tierra de "Nunca Jamás" donde la autora parece buscar el origen de su ser en la niebla y, con ello, devolverle la voz a aquéllos que, como ella, tuvieron que crecer e irse de la casa que los vio nacer, recordarles que el silencio no los ha hecho invisibles.

Esta colección de poesía se divide en cinco secciones. Las primeras cuatro tienen su origen en el mismo número de antologías en las cuales Gloria

Rodríguez ha sido merecidamente incluida; la quinta parte son poemas sueltos como un hilo de arena cayendo a perpetuidad en la clepsidra.

Los poemas de "Palabra de Poeta" se duelen de la falta de voz, imágenes que se suceden como nubes en el cielo donde reina la oquedad que deja la ausencia del sol poeta:

*

Voz de mis primeros hermanos,
hijos primitivos del viento;

*

digo y deletreo tu nombre:
selva, pájaro,
montaña errante.

El erotismo de "Fusión de cuerpos", se encuentra también tocado por un silencio que estremece, como estremece al lago el lirio que se vence y besa su superficie:

*

Despacio hasta tu vientre,
hasta mi vientre.

*

Urgencia después
de la urgencia.
Llenas mi boca,
mi vientre,

Sensual recipiente de la entrega, los versos eróticos tienen la rara virtud de decirlo todo sin decir a gritos, como el viento, como el mar, como el bosque, con la fuerza que le da una raíz profunda de mujer nacida al pie de la Sierra Madre Oriental:

Toronjas dulces

en tus manos

buscan asilo en tu boca.

Un epígrafe de Juan Rulfo en el poema "Ausencia" de la sección "Rara Ubicuidad" revela el hilo que urde esta colección poética, las coordenadas de ese santuario, origen de la poesía que la habita: "Escondida en la inmensidad de Dios, detrás de su Divina Providencia, donde yo no puedo alcanzarte ni verte y a donde no llegan mis palabras".

Gloria Rodríguez nació en un pueblo mágico, un santuario lejano llamado Tula, Tamaulipas, un universo similar a los descritos por Juan Rulfo en su brevísima pero transcendental obra literaria:

El santuario

donde yo habito

emerge entre la espuma

del tiempo.

Ese espacio semidesértico del altiplano tamaulipeco permea sobre la poesía de Rodríguez como la sombra de una nube, como el resplandor de un astro, responsables de los claroscuros de su poesía. Macondo, Comala, Luvina, Tula, son el mismo espacio repetido que la autora celebra y canta porque

11

su origen de ninfa de la tierra le revela que forma parte de esa cofradía de seres que llevan la marca indeleble de la poesía:

*

Canto a la soledad de Márquez,
contemplo estrellas con Neruda,
vuelo con aves de Rosario.

"*Todo se adhiere a las paredes intactas de la memoria*" se lee en el poema "Bajo tus alas" de "A contraolvido", una antología para evocar a los ausentes publicada por Alja Ediciones en 2015 y de la cual se extrae este poema y otros, como "Tula", en donde el pueblo mágico y santuario de Gloria Rodríguez es la calzada de la memoria que habita sus huesos.

Los veintiún textos de la sección que cierra esta colección se llama "Al filo de la noche", en donde temas como el amor y el tiempo, obsesiones universales de la lírica poética, producen poemas de una brevedad exquisita, como "Libertad":

Elevé al viento
seis palomas blancas
y regresaron a mí
como eternos suspiros.

"Renunciación":

Tu nombre
en partículas de luna
permanece en un baúl olvidado.

En *Santuarios lejanos* el lector encontrará que la memoria no es sólo un puñado de recuerdos sino un lugar de descanso, de creación, el manantial de donde brota la esencia de quienes somos y, de la mano de Gloria Rodríguez, llegará a la contemplación de la aldea universal, el pueblo que todos llevamos dentro y, si pone atención, verá cometas cruzando los cielos estrellados que coronan el Cerro de la Cruz de su santuario íntimo y personal.

Alfredo Ávalos
San Antonio, Texas.

A Ramiro, con el amor de siempre.

De *Palabra de poeta*
(2012)

INVISIBLE

*"…Y entonces, coléricos, nos desposeyeron, nos
arrebataron lo que habíamos atesorado:
la palabra, que es el arca de la memoria".*
Rosario Castellanos

I

Nube de polvo levita en calles enmudecidas,
desiertas, apagadas.
Rostros escondidos tras ventanas,
con miedos agazapados en las sienes.
Manos temblorosas, hojas a merced del viento.
No hay sonrisas,
sólo temor sobre hombros lapidando lenguas.
Ya no es palabra la palabra:
es látigo,
garra de tigre,
diente.
Es fantasma buscando un vástago en la niebla.
Es cansancio que encierra reminiscencias
sepultadas por el miedo.

El tiempo se convulsiona entre muros:
el pueblo se asfixia por la ausencia de palabras.
Ya no hay voz.

II

Nada fluye.
Huele a inmundicia:
las aves mueren,
el pueblo calla,
los caminos van al precipicio.
Todo se queda a medias.
No hay voces:
hay rostros paralizados.
El humo avanza
por calles desiertas.
Las lenguas lloran.
Murieron miles de ellas,
todas lenguas sabias:
las sepultó el temor.
Sin embargo,
hoy no hay noticia.

III

Voz de alondra,
en madrugada desapareces.
Flujo de peces sin ojos,
memoria en sonidos muertos.
Tocas puntos infinitos,
te pierdes en letras escurridizas
y escapas.
Voz de mis primeros hermanos,
hijos primitivos del viento;
no temas: habla,
canta.
Tu voz no es eco,
se transporta
hasta los confines del tiempo
y regresa en vocablo sonoro
al despertar de su letargo milenario.

EXISTENCIA

En el nombre del verso
digo y deletreo tu nombre:
selva, pájaro,
montaña errante.
Incrusto partículas de viento
en mis córneas
cuando buscan mirarte.
Eres centro, ocaso,
despertar de inviernos.
Montículo de arena
germinando en primavera.
En mi memoria te creo, te extingo y te reinvento.
Vuelvo a decir tu nombre:
creación, canto, universo.
En manos te deshaces a veces,
apareces en los confines del viento
donde puedo decir tu nombre.

RENACIMIENTO

Ahí donde el atardecer
esconde sus reflejos,
donde las aves elevan al cielo una añoranza,
donde los mares esconden lo no sabido
y el tiempo se convierte en humo.
Ahí donde anidan horas idas,
tatuadas en mis labios,
donde el tiempo es persistencia
en arenas de Dalí.
Aquí, allá,
en palabras de un verso,
en el espejo de los años: hay poesía.

VORÁGINE

Las palabras se agolpan,
se estampan en el viento,
vuelan en desbandada, me evaden,
se escabullen.
Gotas cayendo en mis dedos,
se mimetizan en mis manos,
entre rosas de olvidos
y gardenias.
Se pierden en madrugadas de insomnios
y en sollozos de viento.
Al amanecer, surge un poema
que escribo bajo tu piel,
olor-color canela que guardo
en mi evocación.

EXACTITUD

Vagando en elocuencia de palabras,
disuelta en la arena, en un tiempo exacto,
suspendida en los laberintos
de la mente y ecuaciones lineales,
me encuentro en vigilia.
Saboreo la soledad bifurcada por los años,
plasmada en figuras cóncavas
y a veces convexas que reflejan mi *alter ego*,
calculando la geometría de tu cuerpo.

PALABRAS

Elevé al viento
seis palomas blancas
y regresaron a mí
como eternos suspiros.

De *Confusión de cuerpos*
(2013)

FUSIÓN DE CUERPOS

Muero de ti, amor, de amor de ti,
de urgencia mía de mi piel de ti.
Jaime Sabines

I

Prolongado aliento
desciendo a tus murallas.
Despacio hasta tu vientre,
hasta mi vientre.
Bocas tocan,
manos muerden.
Urgencia mía, tuya,
de nosotros.
Aullamos bajo lunas.
Lobos bajo su signo.
En tu piel me muero.
Desfallecemos en viñedos,
en tierra fértil.
Somos matiz de piel.

II

Urgencia después
de la urgencia.
Llenas mi boca,
mi vientre,
mis hombros desnudos,
mis senos.
Fusión de cuerpos
en la hoguera de los siglos.
Detrás de los ojos, los astros.
Lenguas perpetuas.
Éxtasis de vino.
En tu vientre
bebo.

III

Bebo tu aliento,
tu cuerpo, tus neuronas.
Alucinógeno en mis labios,
savia dulce son tus besos:
efímeros,
ígneos.
Red en mi vientre
tu mirada que aprisiona.
Llegas desde el bosque
hasta mi fortaleza de olas,
anclas en furia de aguas
bajo caudal ardiente—
       vertientes prohibidas.

IV

Abrimos pétalos.
El tiempo es brevedad en mi vientre,
en tus caderas.
Buscamos dulzura de manzanas,
saciamos sexos en plenitud
de auroras.

ÉXTASIS

Crepitar en los ojos,
rodillas de polvo,
exaltación de cuerpos,
confusión.
Las letras de mi nombre
son manjar
para tu lengua,
humedad,
desenfreno,
unión,
cansancio.

NAUFRAGIO

I

Mis senos desnudos
extienden saetas seductoras
hacia la humedad de tu boca
en agonía.

II

Mi pelvis
—corcel desbocado—,
toca tu eternidad
erguida
que busca
el cenit de mis piernas.

III

Toronjas dulces
en tus manos
buscan asilo en tu boca,
padecen entre perlas blancas
y sucumben al contacto
de lenguas.

De *Rara ubicuidad*
(2013)

AUSENCIA

"Escondida en la inmensidad de Dios,
detrás de su Divina Providencia,
donde yo no puedo alcanzarte ni verte
y adonde no llegan mis palabras".
Juan Rulfo

Tras la inmensidad de Dios, escondido,
entre cielos, bosques y letargos,
donde mi voz no te alcanza, no te toca,
donde la claridad del día es eterna,
donde la oscuridad de la noche es ausencia.
Tras la inmensidad de Dios están tus ojos,
tus silencios,
tus soledades lejos de las mías.
Allá donde no te alcanza mi nombre
donde sólo llegan suspiros
golpeando paredes cubiertas de musgo,
madreselvas y flores silvestres,
rasgando átomos de viento,
vagando por praderas sin rumbo
intentando atrapar murmullos,
suspiros,

recuerdos.

Perdido tras la inmensidad de Dios,
donde un recuerdo se ha quedado
suspendido en la luz de mis ojos.

MUJER

Resulta que las horas son eternas,
que los minutos no existen,
que mis ojos oscilan
en el cenit de mi casa.
Resulta que las *Horas* de Virginia
a veces reviven,
que asusta
la vaguedad del tiempo.
También, resulta
que la parsimonia escapa
y yo con ella
me interno en las horas
y me extravío con ellas.
El tiempo fluye.
Voy tras el caballo blanco
que murmura mi nombre.
Las horas bailan.
El santuario
donde yo habito
emerge entre la espuma
del tiempo.
Las campanas suenan,
abro puertas y sueño.
Mi madre me amamanta

con savia dulce
y mi padre me regala un sueño.
Emprendo viaje de monarca:
de ida y vuelta;
y las campanas
   suenan,
     suenan
 con alegría de domingos.
Canto a la soledad de Márquez,
contemplo estrellas con Neruda,
vuelo con aves de Rosario
y sigo al caballo blanco
que grita mi nombre.
La selva me llama
con insistencia:
"Mujer".
Tomo mi voz y salto,
escapo hacia otros confines:
tierra, fuego, aire;
flujo,
raíces y alas.
Mi voz se escucha,
la aprisiono contra mis vértebras
contra los muros de mi casa,
contra paredes blancas
con mi nombre escrito en ellas,
luego,
permanecemos en el viento

en lenguas vivas,
en raíces
y en alas.

CARCELERO

"Detente sombra de mi bien esquivo
imagen del hechizo que más quiero".
Sor Juana Inés de la Cruz

Grato dolor me causan tus ardores,
bella prisión del pecho adormecido,
¿por qué te muestras siempre confundido,
si dices que me quieres, mil amores?

Cuando dices tenerme amor sincero,
no evadas, corazón, que alegre vivo;
llenadme de ilusión y sustantivo,
renunciación de claustros, carcelero.

No te importan mis súplicas, malvado,
y que mi boca quede, en ti, deshecha,
pues me echas al olvido, descuidado

y mi bella ilusión vendrá, maltrecha,
con el desdén que encuentre sepultado,
apagarás el fuego de esta mecha.

FILIAL

Desde la raíz profunda de mi entendimiento vislumbraba la urdimbre de tus manos; yo era alondra en nido de musgo, hiedra silvestre, era luz en la pupila inquieta de tus ojos; en tus retinas se esfumaba la tarde en plenitud de risas.

Cuando yo era gacela, me esperabas con alas abiertas, tejías sueños que me envolvían cada mañana, palpabas las vértebras de mis pensamientos, tocabas esas reminiscencias de mis primeros hermanos, aquéllos que tocaban notas en pentagramas de viento.

Fui barro entre tus manos, espejo y raíz de tu pensamiento: te volviste rosa y aspiré tu aroma; me convertí en abeja y produje miel para mis deudos, busqué en rincones del tiempo hasta quedar exhausta, exhausta del palpitar de mis dedos.

Fui sueños alados y crepitar de fuego; me quisiste desde antes, como a mis hermanos dispersos, igual que a la alondra que se posó en tus manos; fuimos trascendencia, perpetuidad reflejada en retinas, sueños aleteando entre bandada de loros a lo lejos.

Desde la raíz profunda de mi entendimiento te he amado: y sigo adherida a tus paredes; con hilos invisibles me llamas cada tarde, voy hasta tus brazos que alumbran los días de invierno.

Seguimos escuchamos el crepitar del fuego, saboreando el fruto de los años como en aquellos tiempos: cuando yo era alondra, cuando yo era gacela desnuda y me esperabas con tus alas abiertas.

ADHERIDO

Te busco bajo sombra de árboles,
bajo humedad de acacias y coníferas,
bajo notas de un libro,
en vertientes olvidadas.
Morimos cada segundo
en la distancia,
en sombras de mediodías
perplejas por la sonoridad de un canto.
Morimos también
en el silencio de la noche,
tras la luz del espejo
en que te miro.
Tras la puerta del tiempo,
la llama permanece intacta,
leve, pero intacta.
El crepitar del fuego
se escucha a lo lejos.
Veo tus ojos dilatados.
A lo lejos. A lo lejos.
Me llamas desde las paredes del sueño
y sigues ahí,
adherido, callado,
eterno ante mis labios que esperan.

De *A contraolvido*
(2015)

BAJO TUS ALAS

Se desvanece el tiempo en el recuerdo de tus ojos,
calzadas con huellas imborrables,
sembrador de sueños
en mis manos y en mis bolsillos.
Ahí estás: elevando al cielo tus plegarias nocturnas;
inmóvil, ingrávido como la niebla.
No palabras.
Todo se adhiere a paredes intactas de la memoria.
Todo se imanta en convexos de córneas.
Bajo tus alas navego en la superficie de lo concebido,
en profundidades de sueños impulsados por palabras.
Soy tu mejor nombre, padre de todos los siglos,
ojos infinitos de la noche.
Traspasas barreras y llegas al limbo del sueño
en el que habitas desde aquel febrero
cuando entregaste tu nombre.

SOLEDAD

Tú en los reflejos de mis pasos
cuando cae la noche,
atada a la luna en silencio de ausencia.
Lento ocurre el tiempo
mientras dibujo el infinito en tu sobra.
Evocación colgada al viento
que ulula tras mi ventana afligida.
Resequedad en las retinas,
añoranzas colgadas en tapias
de ruinas de un templo,
hiedras en espera de lluvia.
Prodigio.
Espero.

DISTANCIA

Ecos de reloj,
memoria dispersa, montañas,
calles empedradas, bancas solitarias,
paisajes del tiempo, atardeceres de alamedas,
caminatas por la plaza,
tardes de amigos, canciones de rondalla,
misa los domingos, ecos de relojes.
Pero nunca, nunca el olvido.

TULA

Calzadas de la memoria
habitan en mis huesos,
en mis labios con sabor a tus tardes,
pasos en calles del sueño,
me multiplico en tus ecos,
en los hijos de tus hijos existo,
relojes diligentes
en el letargo de la noche,
centinelas,
guardianes de mis días,
tus colinas esperan
el regreso.
Calzadas en la memoria,
en brillantez de piedra,
pernoctan las nostalgias
de lejanos días.

VERDES CLAROS

Una tarde despertamos en corrientes de ríos,
lejos de claridad de luna,
lejos de los primeros vientos de primavera,
de calles que solían ser testigos de canciones de moda
en nuestros labios.

Despertamos en aguas desconocidas,
en vaivén de ritmos sin acordes.

No fuimos los mismos,
fuimos otros, perdidos en los mismos rostros.

Buscamos semblantes de aquel tiempo,
nos perdimos en tardes grises,
en pieles cansadas guardando verdes claros
de otras tardes.

Salimos a buscarnos
entre hojas de invierno y días grises;
las manos lloraron melancolía de arena,
soledad de árbol,
abandono de palabras;
lloraron lamentos de piedras incrustadas
en las calzadas de un sueño.

Hoy despertamos buscando tras las cenizas del olvido
indicios de lo que fuimos,
refrescamos el sueño
y continuamos la búsqueda para el reencuentro
antes de que la noche caiga.

SOLEDADES

I

Ausencia,
agobio que agita paredes,
hiedras huérfanas de alondras
y de nidos.
Abrazo reminiscencias
convertidas en niebla.
Te has ido con la tarde,
has dejado abismos
y soledad en mis manos.
Ya no habito mi casa:
deambulo en vertientes
de un olvido.

II

Tu nombre invisible
tatuado en mis huellas dactilares
arde en la distancia.

Duele la ausencia impregnada de manos,
duelen las letras de tu nombre,
duele el silencio.

El silencio.
El silencio.

Ya no habitas
los rojos de mis tardes.
Habitas ecos de la noche.

Al filo de la noche

OCEÁNIDA

Al filo de la noche
mi corazón —jauría de sangre y olas—
renace.
Yace mi mediodía
anunciando las horas.
Voy tras palabras antiguas
rasgadas por los poros del viento.
Invoco tu nombre.
Te anuncio hasta mis límites,
te alcanzo con brazos infinitos,
con dedos de noche.
Ciegos en la oscuridad,
Infatigables,
al filo de la aurora
somos, sobre un lecho marino,
danza de piel y olas.

MANÍA

Dibujo tu rostro,
te cristalizo en letras,
sigo tu huella hasta
caer la tarde
y entonces me vuelvo vaho
para tocar tu aliento.
Me vuelvo humo
para entrar en tu pelo.
Me acomodo
entre las letras de tu nombre
y me vuelvo tilde
(me vuelvo acento).
Trazo tus ojos en el viento
y en mis manos brota follaje
donde anidan alondras
que se quedan
como huéspedes eternos
mitigando tu ausencia.

ADVERTENCIA

Aléjate
porque mis manos ávidas
por ti transpiran,
porque mi boca límpida
por ti enloquece,
porque mis córneas tácitas
por ti dilatan,
porque mi aurora lánguida
por ti enmudece.
¿Por qué tu aroma suave?
¡Ah, tu aroma suave!
Aléjate, aléjate,
o no respondo de mí.

MÁS ALLÁ

Somos tiempo, agua-espuma,
gota alígera deslizada
en la piel de cítrico,
contemplación de estrellas,
murmullo de aves.

Somos tú, somos yo,
desdoblamiento vital en aras
de los dioses.

Murmullo de aves,
contemplación en la piel,
gota alígera,
agua, espuma;
tiempo somos.

TODO, NADA

Tú y yo, relojes sin tiempo,
luciérnagas en el mar de la noche,
polvo de árbol y su sombra.

CÍTRICO

I

Viento eres en el rostro de la tarde,
camino bifurcado
por estela de pájaros.

Soy el agua que te llama
bajo el rojo-azul del poniente.

II

Humedad sobre piel agridulce
para mi lengua sedienta.
Beberé tus lágrimas
cuando llegue el otoño,
si y sólo si, el rojo de la tarde
se derrama en tu vientre.

SUEÑO

Rocas y mantos,
lienzos de lino y encajes,
risas y alabanzas.
Brindé por ti en mis sueños,
y el sabor del vino tinto
elevó mis sentidos.
Corrí hacia la noche
y estampé mi pelo en el viento,
nos elevamos
como humo entre montañas
hacia el infinito.
Rompimos barreras contenidas
por la inmensidad del tiempo,
¡ah! el tiempo,
corcel en vuelo libre
convertido en Pegaso
volando hacia las lunas
de julio.

TIEMPO-ESPACIO

Busco mi nombre:
esencia, cielo-mar infinito,
atrapado en el espacio, en todo, en nada.
Nombre vagando
entre ecos que no tienen procedencia,
que navegan sin rumbo,
que golpean paredes y regresan a mí.
Voces,
ecos,
voces.
Aves rasgando soledades de árbol,
de luz, de sueño.
Ave en vuelo infinito
habitando en la memoria vacía,
vacía.
Mi nombre en la nada
y tu nombre, suspendido en el tiempo.

SOLEDAD

I

Entré a mi casa
y la encontré vacía;
alguien hurtó mis pertenencias
sólo encontré polvo,
hojas secas
y una triste enredadera.

II

"Tengo una soledad
tan concurrida"
Mario Benedetti

Tengo una soledad
agazapada en manos y retinas,
asida en andamios de mis templos.
Soledad de árbol ausente de pájaros.
¿A dónde se habrán ido los sueños?

LIBERTAD

Elevé al viento
seis palomas blancas
y regresaron a mí
como eternos suspiros.

BESO

Mi aliento,
mariposa inerte,
vuela de noche
y se posa en tus labios.

RENUNCIACIÓN

Tu nombre
en partículas de luna
permanece en un baúl olvidado.

ENTIDAD

Búscame
en
tus
córneas
a través
del
espejo.

ENCUÉNTRAME

Desnúdame el alma cuando cae la lluvia,
fíltrate en mis espejos de nostalgia cada tarde,
quédate en los tatuajes de mis años
y en la historia fehaciente detrás de cada herida.

COTIDIANO

Hoy
aquí
en el viento de abril
tú y yo
bajo el letargo de los días (1)

inmersos en el sol candente
de un verano temprano (2)

desnudos
bajo la lupa de Dios
pequeños entre los signos
inexplicables del día (1)

pequeños como astros lejanos
en espera de lo inesperado (2)

renacemos en el sudor
de nuestros pensamientos
tú y yo
en el umbral del sueño (1)

en alas de libertad
rumbo a lo desconocido (2)

nos reconstruimos con la lengua
del ocio (1)

nos fragmentamos en partículas de luz-calor (2)

amanecemos con el aliento a toronja
nos rendimos
tú y yo
hoy
aquí (1)

Autores:
(1) Ramiro Rodríguez
(2) Gloria Rodríguez

VUELO

Sueños,
imagen de vapor
que se eleva al caer la tarde,
voz de tierra,
águila que emerge tras mi casa,
Viento soy.
Árbol colmado de cánticos
alegres como mi carne de niña,
audaces como mi lengua.
Habito en raíces del álamo y del olmo
fuera de cotidianidades;
ave que ronda
la quietud de sueños
volando en desbandada
hacia la luz de marzo.

PRELUDIO

Anticípame en las veredas del tiempo,
donde la luz se adhiera a tus ojos
con reflejos de marzo;
donde un suspiro
revolotee en tangentes del sueño.

Anticípame en las vertientes de tus manos,
en rojos de la tarde tras mi casa
en cantos de grillos
en el silencio de la noche.

Anticípame en la distancia
donde habiten las nostalgias
de lo que nunca fue nuestra historia,
anticípame
y guárdame en las retinas
de tus letras.

EVOCACIÓN

Hoy olvidé un recuerdo
y recordé un olvido.
Con el recuerdo olvidado
hice polvo para alimentar al viento;
con el olvido recordado
confeccioné alas
para llegar a tus sueños.

NOVIEMBRE

Mariposas monarca
anuncian el festín de mis difuntos.
Pensamientos en árboles
colgados de sus sueños
anticipan celebración de muertos.

COLOQUIO

Comuniquémonos a media luz de córneas, con células expuestas al cosmos de los sueños. Libertemos lenguas en cuerpos de astros, vayamos por laberintos de rostros reencarnados en la noche.

Tú y yo sin palabras, sin tiempo en relojes de asbesto, sin manecillas escapando de luces en nuestros labios, sin brevedad de auroras boreales.

Ahoguemos las palabras, sólo el latir de soledades en tersura de labios, en humedad de silencios, en palpitación de huellas dactilares que se aferran a la eternidad de nuestro interior. Hablemos sin palabras, sólo con humedad de labios.

TIEMPO

Desde entonces, todo quedó girando en torno a ti: los días, los minutos, las novedades y los años. La enredadera siguió su curso y mis manos se extendieron hasta tocar el viento. Tu nombre anidó en mis células y nacieron raíces de mis cabellos y bebieron siluetas de luna en el río de marzo. ¡Locos sueños de marzo! El mar era una calzada de barcas aladas que llegaban a la luna; su blancura, confundida con tus manos, tocaba mi pelo de raíces. Pero era un sueño. Caminaba sola entre las olas y la luna era mi compañera de soledades. No eras tú. No eras tú quien me vestía de olor a nueces, no eras tú quien hacía florecer musgos en mi vientre, no eras tú quien cobijaba mis sueños en los fríos de invierno. Sólo era tu nombre junto al mío, asustado por los minutos transcurridos en el silencio de la noche, por la eternidad de horas ahogadas en la nostalgia, por todos los sueños esparcidos en cimientos de mis límites. Eras otro mimetizado en hojas transparentes del tiempo y del silencio en las paredes de nuestros templos; luz apenas visible en nuestra casa cubierta de cenizas de otra era. Eras otro caminando mi sendero de olvidos y soledades.

ÍNDICE

Made in the USA
Middletown, DE
26 August 2021